Книга Близнецов

Все, что нужно знать об этом знаке зодиака.

Rubi Astrólogas

Кто такие Близнецы?

Даты: 21 мая — 21 июня

День: Среда

Цвет: Синий

Стихия: Воздух

Совместимость: Весы, Овен и Водолей

Условное обозначение:

Модальность: Изменяемая

Полярность: Мужская

Планета-управитель: Меркурий

Дом: 3

Металл: Меркурий

Кварц: хрусталь, берилл и топаз.

Созвездие: Близнецы

Что значит Близнецы?

Слово Gemini происходит от латинского geminī и означает «братья-близнецы». В переводе с латыни Gemini буквально означает «близнецы» (Кастор и Поллукс). Близнецы символизируют двойственность, антагонизм души и тела. Он также олицетворяет идею о том, что жизнь берет свое начало в союзе двух противоположностей.

Мифология

Существует миф, связанный с Близнецами, который повествует о том, что два брата Кастор и Поллукс, сыновья Зевса, жили вместе, объединенные огромной дружбой. Кастор был смертен, а Поллукс бессмертен. Жизнерадостные, решительные и физически энергичные, оба брата одинаково преуспели на поле боя.

Любовь привела к смерти Кастора, который похитил одну из дочерей Левкиппа, в которую был влюблен. Преследуемый и убитый бойфрендом молодой женщины, он погиб в драке.

Поллукс, удрученный смертью брата, умолял Зевса вернуть ему жизнь. Зевс не полностью выполнил свою просьбу, но соединил двух братьев в созвездии Близнецов, чтобы они оба могли жить вместе вечность.

Меркурий, планета-управитель Близнецов

Меркурий, посланник богов, является планетой, управляющей Близнецами и Девой. Это планета

коммуникация. Функция Меркурия состоит в том, чтобы разбирать вещи и восстанавливать их. Это безэмоциональная и нескромная планета.

Меркурий не только управляет общением, но и олицетворяет организацию и тактику. Идеи и сенсорная информация должны быть скоординированы и организованы. Меркурий анализирует, классифицирует, группирует и осмысливает эти идеи.

Камни или кварц для Близнецов

Жемчужина – камень Близнецов. Этот камень символизирует скромность и дружбу. Жемчуг связан с отношениями, обладает целебными свойствами и эффективен при проблемах, связанных с сердцем и желудком.

Еще один камень Близнецов – Тигровый глаз. Используя этот камень, люди этого знака будут чувствовать себя более психически устойчивыми и увеличат свои шансы на привлечение удачи.

Халцедон – еще один камень, родственный этому знаку. Этот камень поможет вам лучше структурировать свои идеи и эффективно общаться.

Аквамарин также может помочь людям этого знака лучше общаться и выражать свои чувства более четко и эффективно. Это может быть полезно в личных и профессиональных отношениях.

Физические характеристики Близнецов

Близнецы обычно худощавые, очень гибкие и подвижные. Лицо у него очень выразительное, особенно глаза.

Его руки выразительны, быстры и живы, а глаза всегда искрится умом и любопытством.

Лицо Близнецов имеет симметричное равновесие. Их черты всегда сияют лучезарным и веселым любопытством к их невинной ауре. Ее губы мясистые, а волосы волнистые.

У них также может быть тонкая линия подбородка и выступающий нос.

Тело Близнецов

Нервная система, дыхательная система, руки и плечи являются наиболее чувствительными или уязвимыми точками у Близнецов. Эти органы важны, так как через них поступает воздух, и мы выводим углекислый газ, который необходим для функционирования организма. Именно поэтому любое осложнение, в легких или бронхах, может означать серьезную проблему для Близнецов.

Близнецам следует быть очень внимательными к недугам этих частей тела. Особенно важной мерой является отказ от курения.

Неугомонность Близнецов заставляет их чувствовать себя живыми, но проблема в том, что постоянное состояние нервозности вредно для здоровья и может привести к беспокойству, бессоннице и депрессии.

Женщина-Близнецы физически

Женщины-Близнецы обычно обладают отменным здоровьем, но иногда устают, потому что их мозг постоянно работает до изнеможения.

Женщины-Близнецы выглядят красиво. Они стройные, с красивым лицом. Волосы, как правило, прямые и длинные. Они универсальны, у них уникальный стиль одежды, с легкостью переходящий от формального к повседневному.

Они обладают уникальной физической характеристикой, которая заключается в их размере. Они, как правило, меньше, чем большинство женщин, и худые.

Мужчина-Близнецы физически

Мужчины-Близнецы популярны тем, что у них раздвоение личности, эта двойственность отражается на принятии ими решений. Иногда они общительны, а иногда сосредоточены на своем партнере. Они любят элегантные шкафы. Одной из черт, характерных для мужчины-Близнецов, является его способность общаться. Близнецы очень общительны и искусны в словах, что делает их чрезвычайно привлекательными собеседниками.

Физические черты Близнецов

Голова Близнецов

Голова Близнецов выделяется тем, что у нее высокий, широкий лоб. Подбородок, как правило, имеет хорошие пропорции, в то время как линия подбородка часто заострена.

Волосы Близнецов

Волосы Близнецов обычно имеют прекрасное телосложение и могут быть от светло-каштановых до темно-каштановых. Тем не менее, они часто имеют тенденцию быть седыми в раннем возрасте. В случае с мужчинами они также склонны к алопеции.

Глаза Близнецов

У них карие, голубые, зеленые или серые глаза, которые постоянно двигаются взад и вперед. Его взгляд завораживает. Близнецы никогда не отрывают глаз от одного и того же объекта более чем на пять секунд. Скорость, с которой они двигают глазами, — самый простой способ распознать их.

Нос Близнецов

Нос у Близнецов, как правило, другой. У них, вероятно, нос правильной формы, будь то длинный и диагональный, или маленький и закругленный на кончике. Обычно нос у них заостренный.

Губы Близнецов

Губы Близнецов универсальны и сбалансированы. Они не очень выдающиеся или чрезвычайно маленькие. Однако верхняя губа может быть прямой и более тонкой на вид.

Лицо Близнецов

На лице может быть углубление в подбородке или носу. Многие из них имеют тонкие, плавные черты. У них, как правило, бледный цвет лица, хотя обычно они легко загорают.

Чувствительные зоны Близнецов

Близнецы очень любопытны и любят узнавать что-то новое со своим партнером, поэтому важно поддерживать их интерес, пока им не стало скучно.

Соблазнение является ключевым для этого знака зодиака, поэтому, если ваш партнер Близнецы, практикуйте все ласки, которые предшествуют половому акту, так как иногда это более актуально.

Прежде всего, ласкайте грудь, туловище и руки, всегда сопровождая их словами, поскольку Близнецы - знак, который ценит общение.

Личность Близнецов

Близнецы обладают даром болтовни, обладают большим количеством умственной энергии, прекрасно воспринимают все вокруг. Вот почему они такие хорошие коммуникаторы, и они могут получить много пользы, если научатся применять их как в повседневной жизни, так и в общих проектах.

Близнецы в отношениях. Общее

Близнецы в отношениях

Близнецы предприимчивы, любопытны, любят новизну и волнение в отношениях. Они веселые, дружелюбные и общительные, и им нравится сохранять романтику и искру в своей личной жизни.

Когда Близнецы влюбляются, они выражают свои чувства и хотят поговорить о том, как сильно им нравится их партнер. Вы также можете познакомить своего партнера со всеми своими друзьями, и они могут захотеть, чтобы их видели вместе на публике.

Близнецы ласковы, но им быстро становится скучно, и они могут быстро потерять интерес к отношениям. Как воздушный знак, они нуждаются во внимании со стороны партнера и любят постоянные детали.

Близнецы популярны тем, что обладают даром болтовни, с помощью которого они могут убедить любого. Это качество не только послужит им для убеждения и манипулирования, но и станет их сильной стороной и поможет им в личных отношениях.

Близнецы любознательны и эмоциональны, и они постоянно стремятся узнать больше о своем партнере.

Близнецы как родители

Отец Близнецы привносит в свой дом чувство юмора и юмора. Они любят бросать вызов своей семье, поэтому их часто можно встретить с играющими детьми.

Разговоры и дебаты – важная часть вашей семейной жизни. Она любит читать вашим детям, водить их в кино или вместе смотреть сериалы, чтобы поговорить об этом позже. Они ценят острый ум и воспитают своих детей находчивыми, любознательными и упрямыми.

Вашим детям понравится ваш веселый, подвижный ум. Ваши вкусы часто меняются, и они, скорее всего, найдут это захватывающим.

Убедитесь, что вы придаете им постоянство. Чтобы дети чувствовали себя комфортно, им нужны части дня, на которые они могут рассчитывать, такие как семейные ужины и отходы ко сну.

Близнецы как сыновья

Он самый интересный ребенок Зодиака. К тому времени, когда он начинает говорить, у него уже накопился бесконечный ряд впечатлений и слов, и он сразу же показывает это. Он разговаривает сам с собой и с другими, и это слово является его неразлучным другом, которого он предпочитает обществу других детей своего возраста.

Его игры почти всегда проходят в одиночестве, он вряд ли удовлетворен ответом и всегда хочет исследовать до тех пор, пока у него не останется сомнений. Затем он отказывается от этого ради другого, который его больше интересует. Если в игре нет интересных моментов, она не упрямится и сразу переходит к чему-то другому.

Они обладают удивительной способностью воспринимать энергии и для их развития особенно важно, чтобы среда, в которой они живут, была мирной, потому что они склонны к соматизации внешних напряжений. Это не по годам развитый ребенок, которого нужно вести очень осторожно и не отдавая ему приказов, которые он не понимает.

Он обладает блестящим интеллектом и не выносит однообразия. Особенно важно направлять свои интересы на темы, которые позволяют развивать свои творческие способности.

Порядок нужно прививать конкретными примерами.

Дети-Близнецы чрезмерно чувствительны, и тревожные истории могут захватить их воображение и заставить их паниковать из-за темноты и ночных кошмаров. Ребенку-Близнецам нужно показать счастливую сторону детских историй.

Любовь и близость в жизни Близнецов

Мужчина-знак Близнецы

Мужчины-Близнецы являются самыми сложными из знаков зодиака, но они также имеют наибольший простор в своих амбициях.

Знак близнецов знает, что одной жизни недостаточно, чтобы исполнить все, о чем мечтают, и именно поэтому они решают быть множественными, разнообразными, они хотят исчерпать все переживания, которые ставит жизнь в пределах их досягаемости, выпить все соки жизни, и именно поэтому они осмеливаются быть более чем одним человеком одновременно.

Жить с Близнецами непросто, так как это люди с раздвоением личности. Они знают, как жить одновременно мужским и женским, плотским и духовным, вечным и смежным.

Они решают в пользу лучшего из тех двух голосов, которые мы все слышим сейчас. Иногда они макиавеллисты, они создают свой моральный кодекс, и не всегда легко понять суть их решений.

Они действуют не от сердца, а из соображений целесообразности.

Любить мужчину-Близнеца непросто, это не те люди, которые легко себя отдают. Вы должны постараться и набраться терпения. Близнецы – зритель жизни; Он наблюдает, а не увлекается страстями.

Решив завести семью, Близнецы оказываются любящими и искренними родителями. Они не чувствуют себя изменами или другими авантюрами, как только остепенились.

Они удивительно трудолюбивы, трудолюбивы и решительны, а их аналитические способности не позволяют им совершить ошибку.

Близнецы ненавидят одиночество.

Женщина-знак Близнецы

Чтобы полюбить женщину-Близнецы, нужно набраться терпения, ведь с ней мы сталкиваемся с одним из самых загадочных знаков. У этой женщины сильная душа и характер, полный сложностей.

Нелегко ни достучаться до своего сердца, ни остаться в нем. В пути легче заблудиться. Встреча с Близнецами – это целое событие.

Женщины-Близнецы сложны. Они имеют в себе несколько личностей, поэтому они проживают в одной жизни несколько переживаний.

Этот аппетит к впечатлениям делает женщин-Близнецов ненадежными людьми. Лучшее, что можно сделать, это наполнить их жизнь сюрпризами и вызовами, чтобы не впасть в рутину, иначе они сбегут, не попрощавшись, ведь для них застой хуже смерти.

Они трудолюбивы и креативны, их не следует заставлять выполнять рутинную деятельность, потому что в той мере, в какой они теряют интерес, они теряют свою производительную способность.

Близнецы не всегда отдают приоритет созданию семьи или брака, так как являются независимыми женщинами, которые не боятся быть матерями-одиночками или обеспечивать себя сами. Они не боятся одиночества.

Для Близнецов отношения завершены только в том случае, если их партнер такой же интенсивный и смелый, как и они. Сладость и невыполненные обещания их не стоят.

Сексуальные сценарии для Близнецов

Близнецы любят секс, для него это еще одна форма общения. У Близнецов сильный сексуальный аппетит, и чтобы его завести, достаточно пары тонких замечаний.

Когда дело доходит до грязных разговоров, Близнецы написали словарь, так что вы можете включить их, дословно объяснив, что вы любите делать в постели. Таким образом, он будет чувствовать и анализировать одновременно, сочетание, которое для него является оргазмическим.

У Близнецов неуловимые сексуальные вкусы. Для них секс — это опыт, в котором тело и разум сливаются воедино. Они любят блистать в постели и не всегда делают рутинные вещи.

Близнецы любят разнообразие и веселье в постели. Это довольно возбуждает, и они позволяют себе увлечься телесными удовольствиями, любят страстные поцелуи.

Близнецы любят слышать волнующие фразы во время интимных контактов. Ее сексуальные фантазии включают в себя прослушивание захватывающих разговоров во время любви, некоторые из которых слишком смелы, что вы не скажете об этом вне этих страстных моментов.

Способ занятий любовью у Близнецов разнообразен, энергичен и креативен. Они проявляют любопытство ко всем видам сексуального самовыражения; они, как правило, готовы на все и всегда пробуют что-то новое.

Для Близнецов секс включает в себя физический, эмоциональный и чувственный аспекты, поэтому он играет важную роль в их отношениях.

Близнецы с Овном в сексе

Эта энергичная пара делает их хорошими друзьями и любовниками. Оба наслаждаются юмором друг друга и отдают предпочтение активной социальной жизни. В спальне будут махинации, потому что вы оба будете в восторге от секса. Комбо настолько горячее, что они выгорают сексуально.

Близнецы любят поговорить, в то время как Овен любит действие, но сочетание этих черт заставляет половой акт сливаться с разумом. Это та область, где

Овен чувствует себя комфортно, когда кто-то другой задает тон.

Одна из вещей, которая больше всего нравится Близнецам-Овнам, — это их разговорчивый характер. Это веселая и непринужденная встреча, в которой оба знака стремятся превзойти друг друга в страсти. Здесь искра поддерживается воображением Близнецов и способностью Овна поддерживать действие. Они оба жаждут новых впечатлений, поэтому будут оставаться в восторге.

Близнецы с Тельцом в сексе

Медлительные и уравновешенные, легкомысленные и неистовые, они хорошие компаньоны в постели.

Близнецы очень любопытны к Тельцу, а Телец вызывает у Близнецов глубокие и сложные чувства. У Тельцов есть свои собственные комплексы, и они видят в Близнецах человека, который удивительно комфортно чувствует себя с переменами и общением. Близнецы всегда жаждут интеллектуальной стимуляции.

Один из способов добраться до сердца Тельца — через желудок, но до сердца Близнецов можно добраться через мозг. Оба знака отпускают свою неуверенность и сближаются, несмотря на свои страхи. Они оба любят стремление к удовольствию и получают удовольствие от того, что требует интеллектуального и эмоционального участия.

Близнецы с Близнецами в сексе

У них много общего, кроме любви к общению, они оба ищут одно и то же. Секс между двумя Близнецами – это вихрь страсти и связи.

Эта пара не будет скучать и не будет места однообразию, так как они любят пробовать что-то новое. Они оба очень изобретательны и будут генерировать новые идеи в отношениях, которые помогут им положительно.

То, что может навредить вам, это то, что вы оба любите флиртовать, и это может поставить под угрозу отношения. Хотя они не очень ревнивы, они собственнические, и, если они видят какую-либо деталь, которая им не нравится, они могут разозлиться.

Близнецы любят общаться; они могут часами разговаривать и рассказывать что-то своему партнеру. Тем не менее, они должны научиться говорить на запретные темы, научиться слушать своего партнера и стараться сделать так, чтобы он чувствовал себя в безопасности.

Близнецы с Раком в сексе

Рак очень прилипчив, и все дело в приверженности. Близнецы — это расширение горизонтов.

Эти отношения могут сработать, потому что оба знака нуждаются в своем пространстве и независимости, и они оба жаждут разнообразия. Их объединяет чувство юмора, которое, безусловно, помогает строить их отношения.

Близнецы и Рак – разумные существа. Рак выражает чувства очевидным и эмоциональным образом. В постели любопытные Близнецы и ласковый Рак возбуждаются, исследуя свои скрытые желания.

Близнецы со Львом в сексе

Секс будет блестящим, так как вам обоим нравится подталкивать друг друга к новым высотам сексуального удовлетворения.

Лев думает, что Близнецы — один из самых удивительных людей, которых они когда-либо встречали, и Льву, на самом деле, нужен партнер, который сможет соответствовать их стандартам.

Близнецы находят во Льве кого-то, с кем они действительно могут установить интеллектуальную связь, а это именно то, что они ищут. Близнецы особенно возбуждают Льва, когда показывают, насколько логично и разумно он может подойти к ситуации.

Спальня будет наполнена волнением, будут долгие ночи, оба бодрствуют, болтают и делятся своими сердцами и мыслями.

Близнецы с Девой в сексе

Они будут невероятными союзниками, обоими управляет планета Меркурий, а это значит, что они смогут исследовать свои диковинки. Близнецы — это человек, которым Дева восхищается, тот, кто вдохновляет их творчески, и Близнецы позволяют Деве исследовать свою изобретательную сторону.

Их энергия в постели представляет собой смесь похотливого, приземленного подхода Девы к реализации любви и электрической страсти Близнецов. Это чрезвычайно горячее приключение, и ситуация с другом с выгодой может сработать, если он будет поддерживать открытый диалог о своих чувствах и границах.

Близнецам нужен партнер, который открыт и свободолюбив, поэтому Деве нужно быть осторожной, чтобы не судить слишком часто.

Близнецы с Весами в сексе

Оба являются воздушными знаками, и это создает отличную комбинацию в постели. Подход Весов к занятиям любовью является идеальным дополнением для Близнецов для похотливых разговоров.

Близнецы находят творческое вдохновение через Весы, но Весы глубоко взволнованы умом Близнецов и любят слушать их истории. Весы зажигают Близнецов.

Близнецы, которые так визуальны, будут в восторге от сексуального присутствия Весов в спальне.

Близнецы со Скорпионом в сексе

Ваши умы будут не единственными, что взорвется в этой взрывоопасной любовной связи. Горячее видение Скорпиона хорошо согласуется с отношением Близнецов к тому, что все дозволено.

Сценарий «друзья с выгодой» или секс на одну ночь будут напряженными, но у них разные способы

отвечать взаимностью, поэтому им нужно быть
терпеливыми друг к другу, чтобы выяснить, как лучше
всего общаться друг с другом. В постели энергетика
будет эффектной и страстной.

Близнецы со Стрельцом в сексе

Оба знака любят поговорить, но, когда они
ложатся спать, оральная активность заканчивается.

Они любознательны и умны и любят общаться со
страстью. Их сексуальная энергия возбуждающая и
электрическая. Если вы решите сохранить свои
отношения как роман, скорее всего, вы будете часто
общаться на протяжении многих лет, но, если вы
хотите взять на себя обязательства, вы сможете, даже
на расстоянии, поддерживать отношения.

Близнецы с Козерогом в сексе

Секс для Близнецов – это игра, а для Козерога –
это сплошная работа и никаких игр.

В спальне реалистичная чувственность Козерога и
большая коллекция секс-игрушек возбуждают
любопытных Близнецов. Если вы живете вместе,
Близнецы могут помочь Козерогу продолжать

двигаться вместо того, чтобы постоянно сидеть за своим столом.

Близнецы с Водолеем в сексе

Они оба дикие в постели. Независимо от того, какой половой акт задумали Близнецы, Водолей будет готов к нему.

Водолей полностью вдохновлен творчеством Близнецов, и их энергия в спальне будет электрической. Легкость общения друг с другом означает, что этим двоим будет очень весело под одеялом.

Близнецы с Рыбами в сексе

Их сексуальные контакты будут сказочными и очень веселыми, Близнецов привлекает воображение и сексуальные способности Рыб. Между тем, логический подход Близнецов очень импонирует Рыбам.

Они универсальны в спальне. Романтическая энергия Рыб, смешанная с любопытством Близнецов, создает массу веселья между простынями. Даже если это будет просто приключение, эти два знака многому научатся друг у друга.

Близнецы и призвание

Близнецы обладают отличной умственной ловкостью и очень любопытны. Это знак, который знает, как воспользоваться возможностями для повышения своих знаний.

Ваши коммуникативные навыки и владение несколькими темами синхронизированы, чтобы вы могли легко общаться в тех областях, которые вы часто посещаете.

Однообразие не вяжется с этим знаком. У них есть потребность в интеллектуальной стимуляции и в постоянном расширении своих знаний в различных областях интересов. Нетерпеливая натура Близнецов требует постоянных изменений. В противном случае их дух будет обескуражен и уничтожен.

Лучшие профессии

Близнецы – многогранные люди. Это самый приветливый, отзывчивый и коммуникабельный знак зодиака. Они лучше всего подходят для гонок, которые взаимодействуют с публикой и предлагают разнообразие. Они очень универсальны, из-за чего склонны много раз менять профессию. Журналистика, средства массовой информации, музыкальные или театральные исполнители, связи с общественностью, писатели и продажи.

Комбинации счастливых чисел

3 - 4 - 8 - 15 - 35

3 - 24 - 26 - 29 - 31

3 - 8 - 13 - 21 - 33

2 - 6 - 8 - 12 - 17

8 - 18 - 22 - 24 - 31

1 - 12 - 14 - 26 - 27

11 - 17 - 26 - 29 - 3

1 - 2 - 5 - 10 - 31

1 - 6 - 10 - 14 - 21

10 - 19 - 21 - 23 - 32

5 - 6 - 8 - 28 - 33

18 - 20 - 22 - 27 - 32

10 - 13 - 19 - 30 - 35

9 - 13 - 20 - 27 - 28

4 - 14 - 23 - 35 - 36

8 - 12 - 30 - 32 - 33

18 - 21 - 31 - 32 - 36

10 - 15 - 18 - 21 - 23

2 - 15 - 16 - 19 - 26

Счастливые цвета

Синий. Один из самых свежих цветов – синий. Он связан с честностью, справедливостью и интеллектом. Синий цвет активизирует ваши целительные силы, повышает жизненный тонус и оказывает успокаивающее действие, когда вы нервничаете.

Он благотворно влияет на кровообращение, активизирует интуицию и художественное самовыражение.

Синий цвет ассоциируется со стихией воды, а люди с сильным синим цветом в ауре уравновешены. Это самый свежий цвет в спектре, символизирующий веру, истину, спокойствие, небеса и разум. Синий цвет коррелирует с сознанием. Египетские фараоны использовали синий цвет для защиты от зла.

Этот прекрасный цвет помогает нам быть смиренными, и заставляет нас двигаться к духовной зрелости, эволюционируя в более высокое состояние сознания.

Светло-голубой цвет символизирует духовное развитие и мир.

Сине-зеленый, оттенок синего, представляет волю и является пассивным, автономным, собственническим и неизменным. Его аффективными аспектами являются настойчивость, самоутверждение и чувство собственного достоинства.

 Темно-синий цвет символизирует опыт, глубину, знания и силу.

Бирюзово-синий цвет излучает освежающую, свежую и творческую силу. Это символ молодости. Обладает седативным эффектом. Камень, используемый для обозначения этого цвета, является аквамарином.

С помощью этого оттенка вы можете уменьшить стресс и усталость, если используете его в отделке своего дома, потому что он придает ясность пространствам.

Счастливые дни

Среда и пятница

Счастливые часы

Все часы планеты Меркурий, Венера и Солнце.

Счастливые луны

Луны в знаках Близнецов, Стрельца и Весов в фазе первой четверти.

Признаки, с которыми не стоит иметь дело

Телец, Козерог и Дева. Близнецам чрезвычайно трудно соотносить себя с элементом Земли. Близнецы любят свободу, а земные знаки любят стабильность.

Знаки, с которыми следует ассоциироваться

Овен и Весы, если Близнецы будут с ними партнерами, будут отличным выбором, так как вместе они могут предпринять большой бизнес.

Расшифровка знака Близнецы

Близнецы обладают большой приспособляемостью и универсальностью, они интеллектуальны, красноречивы, ласковы и умны. У них много энергии и жизненных сил, они любят разговаривать, читать и работать в режиме многозадачности.

Это знак, который любит необычное и новое, чем больше разнообразия в вашей жизни, тем лучше. Его характер двоякий и сложный, иногда противоречивый. С одной стороны, он универсален, но с другой может быть нечестным.

Близнецы – знак близнецов, и поэтому их характер и образ жизни двойственны. Они олицетворяют собой противоречие и легко меняют свое мнение или настроение. Близнецы постоянно активны и должны быть всегда заняты, они любят многозадачность и пробуют новые вызовы.

У них есть счастье, воображение, творчество и неусидчивость детей. Некоторые с энтузиазмом приступают к новым действиям и задачам, но им часто не хватает настойчивости, чтобы довести их до конца.

С их точки зрения, жизнь – это игра, и они ищут веселья и новых впечатлений. Близнецы – самый детский знак зодиака.

Их хорошее чувство юмора и коммуникативные навыки исчезают, когда они сталкиваются с проблемой, так как они, как правило, разочаровываются в худших обстоятельствах и позволяют другим искать решения.

Близнецы очень умны, они спрашивают все. Это делает их мастерами дебатов. Это один из знаков с самым высоким IQ.

Близнецы - Любовный Овен Совместимость

Близнецы и Овен — это сильные отношения со всеми видами динамики, включая дружбу и романтику. Овен и Близнецы наслаждаются своими ошибками и ценят импульс друг друга. Своими шутками, кодовыми словами и весельем Близнецы и Овен раскрывают лучшее друг в друге. Опасность, однако, заключается в том, что ни Близнецы, ни Овен не особенно хороши в том, чтобы назвать эту ночь.

В этой паре важно, чтобы один из них взял на себя ответственность. В противном случае этим тусовщикам может быть трудно развивать здоровые и эмоционально здоровые отношения.

Близнецы - Совместимость Овен в дружбе

Для того, чтобы у них была прочная дружба, они должны внести свой вклад. С самого начала каждого из них поражает личность другого, а также они понимают, что у них общие увлечения.

Близнецы, как правило, обаятельны со всеми, им очень легко общаться, и это черта, которой Овны увлечены. Что очень нравится воздушному знаку, так это искренность и верность, которые излучают Овны, так как иногда им нужно говорить что-то открыто.

Эти отношения могут привести к тому, что вы оба будете зависимы друг от друга, так как вам нужны советы и мнения ваших друзей, но вы все равно будете действовать независимо.

Совместимость Близнецы-Овен в действии

Они оба обладают большой инициативой и знают, как взять ситуацию под контроль. Они трудолюбивы и прилагают все усилия для того, чтобы все, что они делают, шло хорошо. Они обладают лидерскими качествами, которые приводят их к полному успеху.

Овен любит руководить, и это то, чего Близнецы не потерпят, так как они не любят, когда им говорят, что делать. Тем не менее, если они выполняют свою часть работы и доверяют друг другу, они могут добиться больших успехов. Овны более уверены в том, что делают, несмотря на свою импульсивность, не задумываясь о плюсах и минусах, а Близнецы полагаются на общение, чтобы вести переговоры, и все обдумывают, прежде чем действовать.

Совместимость Близнецы - Телец в любви

Близнецы и Телец – это не комфортные отношения, но, если вы оба преданы делу, вы можете добиться длительных отношений. Телец с его сильным характером никогда не боится устанавливать границы. У Близнецов совершенно другой взгляд на мир, поэтому они не понимают жадной потребности Тельцов в безопасности. Однако, если они смогут договориться между постоянством и быстротечностью, они могут преподать друг другу бесценные уроки. Если Телец и Близнецы готовы внести существенные изменения, чтобы компенсировать потребности друг друга, эти отношения могут быть сложными и интересными.

Совместимость Близнецы - Телец в дружбе

Их связывает тонкая дружба, где они всегда учатся друг у друга. Телец – чрезвычайно сосредоточенный знак, а Близнецы достаточно умны, свободны и не испытывают привязанностей. Телец и Близнецы могут дополнять друг друга и делиться знаниями в долгих беседах. Телец может выступить в роли якоря для Близнецов, которые могут быть непредсказуемыми. Тельца привлекает быстрота, остроумие и интеллект Близнецов. Близнецы восхищаются решительностью Тельцов и тем, как они руководствуются своими чувствами и эмоциями.

Совместимость Близнецы - Телец в действии

В работе отличная совместимость. Тельцы настойчивы в достижении своих целей. Они никогда не сдаются и достигают всего, к чему стремятся. Это очень помогает Близнецам, так как они будут размышлять, прежде чем действовать.

Близнецы будут теми, кто возглавит проект, который у них есть в руках, и они увидят, что терпение Тельца важно для достижения цели.

Совместимость с Близнецами - Влюбленные Близнецы

Два Близнеца, это похоже на вечеринку средь бела дня. Они глубоко понимают друг друга и никогда не устают. Проблема с этой парой в том, что им может не хватать перспективы. Для того, чтобы отношения в квадрате с Близнецами были успешными в долгосрочной перспективе, каждый из вас должен убедиться, что вы научились слушать. У вас обоих будет много новаторских идей, но, если один из вас не готов предложить стабильность, вы рискуете потерять контроль и убить отношения.

Совместимость с Близнецами - Близнецы в дружбе

Когда два Близнеца встречаются вместе, это синоним приключений, разнообразия и новых эмоций. Они оба любят веселиться, путешествовать, организовывать прогулки, что-то, что, как только они собираются вместе, они не могут перестать делать.

Кроме того, вы оба будете предлагать друг другу верность, видеть, что вы можете быть друзьями на всю жизнь, что вы можете слепо доверять другому человеку и что вы будете помогать друг другу во всем, что вам нужно. Тот факт, что они так похожи, заставляет их видеть себя отражением в зеркале и понимать друг друга с полуслова.

Совместимость с Gemini - Gemini в действии

Именно в этой области может возникнуть больше всего разногласий. Тем не менее, они совместимы. Когда Близнецы соберутся вместе, они захотят поставить перед собой одну и ту же цель и бороться одними и теми же инструментами, чтобы добраться до цели.

В случае, если одному из вас понадобится помощь, другой без колебаний протянет руку помощи, поддержит и ободрит вас любым необходимым способом. Это то, что они оба ценят положительно.

Конечно, они должны быть бдительны с ревностью, и, если один из них выделяется больше, чем другой, это может вызвать зависть и не принять помощь или приказы другого. Тем не менее, благодаря хорошему общению, которое у них есть, они будут знать, как общаться и объяснять, что они чувствуют, и они решат эту проблему.

Близнецы - Рак в любви Совместимость

Близнецы и Рак могут построить прекрасные отношения, если захотят. У Рака очень характерный подход к жизни, потому что он чрезмерно чувствителен и интуитивен и нуждается в большой любви и одобрении, чтобы чувствовать себя в безопасности.

На первый взгляд может показаться, что интеллектуальные Близнецы никогда не смогут предложить такую установку, но Близнецы гибкие. Если Рак умеет сообщать о своих потребностях напрямую, Близнецы будут стремиться удовлетворить их потребности. Глубокие эмоции и чувствительность Рака также подвергаются испытанию из-за отстраненности Близнецов. Однако, если Близнецы снимут маску, это может быть пара, которую стоит оставить. В конечном счете, хотя эти отношения требуют некоторых усилий и вложений, эти знаки могут построить сострадательную и веселую связь.

Близнецы - Рак совместимость в дружбе

Хотя при первой встрече Овен и Рак не уделяют друг другу особого внимания и не имеют той связи, они могли бы стать друзьями. Хотя они не будут лучшими друзьями, они станут теми, кто будет поддерживать друг друга. Им нужно время, чтобы узнать друг друга, углубиться друг в друга и понять, где они сочетаются друг с другом.

Они оба очень искренние и верные, что сближает их, и они могут завязать дружбу на всю жизнь. Им придется следить за тем, как все будет сказано, а Рак чрезмерно чувствителен и может причинить ему боль не один раз.

Близнецы - Рак на работе: совместимость

Овен склонен руководить, и в некоторых случаях он будет чувствовать свое превосходство над Раком и командовать им. Тем не менее, они также признают, что Рак более организован, более перфекционист, и это поможет поднять их самооценку и почувствовать себя лучше.

Чтобы отношения работали, Овнам придется относиться к Раку так, как они хотели бы, чтобы относились к ним. Рак очень упорядочен, когда дело доходит до работы, любит оставить всю работу сделанной, в то время как Овен очень быстро устает и сдается, не дойдя до конца.

Совместимость Близнецы - Лев в любви

Близнецы и Лев – дух любой вечеринки, вместе они образуют эффектную и активную пару, которую нужно замечать и прислушиваться. Лев любит быть в центре событий, и ничто так не соблазняет Близнецов, как поиск праздника. Эти два социальных посла счастливы на встречах, но они отличаются друг от друга по многим пунктам.

Лев любит блистать перед публикой, но, в конце концов, то, что он ищет, — это честные отношения. Близнецы, с другой стороны, не заинтересованы в том, чтобы произвести впечатление на кого-либо. На самом деле, Близнецы заботятся о том, чтобы удовлетворить свою жадную жажду любопытства.

Когда Лев хочет установить уверенность в себе, Близнецы хотят повеселиться. В результате Лев может оценить Близнецов как бесчувственных, в то время как Близнецы могут разочароваться в потребностях Льва.

Тем не менее, через общение они могут научиться иметь отношения, основанные на поиске и получении удовольствия.

Совместимость Близнецы - Лев в дружбе

С первого момента они поймут, что у них много общего. Подчеркивая желание жить приключениями и наслаждаться жизнью в полной мере.

Вы оба проведете часы в чате и поймете, что находитесь на одном интеллектуальном уровне. Близнецы помогут Льву быть более убедительным и общаться в социальном плане.

Льва привлекают Близнецы из-за их креативности, и Лев оценит таланты Близнецов, что удовлетворит их удовлетворительно. Они оба восхищаются друг другом и могут стать большими друзьями.

Совместимость с Близнецами - Лев за работой

В профессиональной сфере, если оба могут сосредоточиться на одной цели, хорошие результаты. Лев обычно сосредотачивается на планировании, в то время как Близнецы предлагают идеи.

Близнецы отлично умеют договариваться, и Лев постарается извлечь из этого максимум пользы. Близнецы заботятся о деньгах, и их не волнует, получит ли Лев все кредиты. Если он получит деньги, все остальное для него не имеет значения.

Совместимость Близнецы - Дева в любви

Близнецы и Дева находятся под управлением Меркурия, планеты общения, поэтому они разделяют возвышенное понимание и любовь к самовыражению. Однако, несмотря на такое влияние, эти два знака имеют совершенно разные способы передачи информации. Близнецы все уклончивы, в то время как Дева в высшей степени доступна.

Близнецы проницательны и быстры в своих мыслях, в то время как Дева, проницательный аналитик и процессор, предпочитает идеи только после того, как правильно их организует. В результате отношения между этими двумя знаками требуют от них усердной работы, чтобы убедиться, что они разделяют и слушают друг друга в равной степени. В противном случае Близнецы, скорее всего, в итоге монополизируют разговор, в то время как.

Дева хранит молчаливый гнев по отношению к своему непомерно болтливому товарищу. Близнецы общительны и также могут заставить Дсву взбеситься или ревновать, однако, когда каждый знак ослабляет бдительность и решает повеселиться, у этих отношений есть потенциал.

Совместимость Близнецы - Дева в дружбе

Когда они собираются вместе, они идеально дополняют друг друга и могут создать крепкую и длительную дружбу. Они оба встречают невзгоды и проблемы с отличным чувством юмора, что делает их особенными, так как они не придают проблемам такого большого значения.

И Близнецы, и Дева любят что-то делать, выходить на улицу и не позволять однообразию падать. Более того, с первого момента встречи вы увидите, что у вас удивительно похожие личности, а также взаимодополняющие друг друга.

Совместимость Близнецы - Дева в действии

Что касается рабочей сферы, то они оба очень квалифицированны, и если они ставят перед собой одну и ту же цель, то могут дополнять друг друга и вместе идти очень далеко.

Оба знака умеют анализировать вещи. Дева особенно хороша в переговорах, а Близнецы хороши в продажах. Поскольку ни один из них не заботится о том, чтобы им командовал начальник, они не будут злиться или неправильно понимать. Тем не менее, им придется контролировать свое желание манипулировать, так как это может навредить отношениям.

Близнецы - Весы в любовной совместимости

Между Близнецами и Весами возникает мгновенная связь, когда они спариваются. И то, и другое находится в идеальном балансе. Они ведут веселые беседы, рассказывают очаровательные истории и устраивают множество сказочных праздников. Однако напряжение может возникнуть, когда Весов, при всем их наваждении, подводят шутки Близнецов. Правда в том, что Близнецы говорят обо всем и обо всем, а Весы более избирательны, когда дело доходит до начала разговора, что Близнецы могут счесть немного самонадеянными. Однако, если каждый знак может подчиниться подходу другого, пара может продержаться долго.

Совместимость Близнецы - Весы в дружбс

С первого момента знакомства они понимают друг друга и знают, что могут полностью доверять друг другу. Они практически одинаковы.

В дружбе между Близнецами и Весами не будет места скуке. Они оба хотят постоянно взаимодействовать, и они хотят делать много дел, так как им не нравится ничего не делать.

Эти два знака обычно избирательны, когда дело доходит до выбора дружбы, поскольку они требовательны. Вот почему, когда рядом с ними есть друг, которого они считают хорошим другом, они будут относиться к нему очень хорошо и хотят, чтобы он остался в их жизни навсегда.

Близнецы - Совместимость Весы в действии

Что касается рабочей сферы, то, собравшись вместе, они могут добиться многих успехов. У них обоих довольно творческий ум, с которым они достигают всего, что намеревались сделать.

Весы очень организованы и приносят баланс на работе, и это принесет душевное спокойствие Близнецам, которые обычно проявляют больше инициативы и прикладывают больше усилий.

Близнецы - Скорпион в любовной совместимости

Близнецы и Скорпион легко неровны. Близнецы слишком заняты множеством жизненных эмоций, чтобы быть вовлеченными в конкретную драму, в то время как Скорпион никогда не посмеет ослабить бдительность, если не будет знать, что это реальность. Интересно, что Близнецы и Скорпион притягиваются друг к другу мощным и соблазнительным образом.

Близнецы загипнотизированы спиричуэлами Скорпиона, а Скорпион занят попытками завоевать расположение Близнецов.

Сначала отношения стимулируются желанием, но как только пара установлена, они должны столкнуться с некоторыми серьезными трудностями. Находчивые Близнецы нуждаются в свободе, в то время как могучий Скорпион требует непоколебимой верности. И хотя Близнецы гибкие, Скорпион держится за свои чувства, поэтому вам обоим важно практиковаться в чтении модальностей друг друга.

Эта пара непростая, но у них необычайная химия, особенно сексуальная, и это может сделать эти отношения стоящими всех усилий.

Совместимость Близнецы - Скорпион в дружбе

Хотя у них не так много общего, и они могут конфликтовать, в тот момент, когда они начнут узнавать друг друга, они увидят, что могут сделать много хорошего друг для друга и что они могут построить прочную дружбу.

Близнецы довольно спокойны и нуждаются в Скорпионе, чтобы организовать свою жизнь. Скорпион будет защищать своего друга до смерти, и это станет проверкой верности для Близнецов.

Совместимость Близнецы - Скорпион в действии

Это та область, где они могут ужиться лучше всего. Если и то, и другое объединяется для достижения одной и той же цели, результат, как правило, довольно хороший.

Для обоих знаков важна работа, и это может принести им большие триумфы. Вам придется проработать свои различия, такие как нестабильность Близнецов и чувствительность Скорпиона, потому что в тот момент, когда вы поймете друг друга, вы сможете сделать много хорошего друг для друга.

Близнецы - Стрелец в любовной совместимости

Близнецы и Стрелец совместимы, на самом деле, эта пара является одной из самых динамичных во всем зодиаке. Эти знаки по натуре бродяги, и когда они собираются вместе, они образуют невероятно изысканную властную пару, которая любит отдых.

У них схожие подходы к жизни, и они смотрят на мир с одинаковым неистовством и оптимизмом. Близнецы и Стрелец — прирожденные рассказчики, и умственная стимуляция между этими двумя знаками заставляет нейроны проецироваться с высокой скоростью.

По сути, это отношения, которые не требуют много работы, но вы не должны воспринимать свои отношения как должное.

Каждые отношения требуют доверия и преданности, поэтому вам обоим нужно убедиться, что вы не позволяете себе слишком много вольностей.

По обстоятельствам эго Стрельца может вызвать проблемы, но Близнецы с их суггестивными способностями будут знать, как направить обстоятельства в нужное русло.

Очевидно, что Стрельцам есть чем похвастаться, но им стоит быть скромнее.

Совместимость Близнецы - Стрелец в дружбе

Когда они собираются вместе и заводят дружбу, это надолго, так как они создают особую связь. Они найдут общие черты, которые сделают их неразлучными.

Они оба общительны, любят соблазнять и веселиться. Оба знака любят путешествия и приключения. Близнецы будут тем, кто предложит планы, а Стрелец всегда будет их принимать.

Они очень похожи, но в какой-то момент могут столкнуться, поэтому стоит быть осторожным.

Совместимость Близнецы - Стрелец в действии

Оба прекрасно поймут друг друга, так как у них схожие характеры. Если они объединятся, они могут добиться большого успеха.

Близнецы и Стрелец обладают высоким интеллектуальным уровнем и с этим смогут идти туда, куда захотят. У Близнецов много умения договариваться, а Стрельцы всегда будут приносить высокоинтеллектуальные идеи.

Совместимость Близнецы - Козерог в любви

Близнецы и Козерог – это отношения, которые требуют большой самоотдачи. Козерог, самый трудолюбивый знак зодиака, не понимает, как кто-то столь эксцентричный может добиться такого успеха.

В то время как Козерог изнуряет себя на работе, Близнецы, как колдун, показывают различные способы, которыми он достигает успеха, оставляя Козерога в трепете и полной влюбленности. Благодаря общению эти двое могут постепенно научиться лучше понимать друг друга.

Чтобы построить здоровые отношения, Козерог должен позволить Близнецам часто менять свое мнение. Близнецы должны сообщить Козерогу о своем мыслительном процессе, чтобы их земной спутник мог разобраться в причинах их непропорциональных изменений во мнении.

Корочс говоря, дипамика этих отношений может сработать, но она потребует самоотверженности с обеих сторон.

Совместимость Близнецы - Козерог в дружбе

Несмотря на то, что у них довольно разные характеры, дружба между Близнецами и Козерогом может иметь хорошее будущее.

Козерог очень ценит дружбу и нуждается в безусловном друге, которому он может доверять и который является частью его жизни. У Близнецов много людей вокруг, но они не придают дружбе такого значения, как Козерог.

Близнецы заставят Козерога начать ценить дружбу.

Совместимость Близнецы - Козерог в действии

Именно здесь у них самая высокая совместимость. Оба знака считают работу фундаментальной, иногда даже перекладывая ее на своего партнера, друзей или семью. Козерогу нужно все обдумать, в этом помогут Близнецы, так как они очень импульсивные люди, которые действуют, не просчитывая риски при любых обстоятельствах. Вы оба будете учиться друг у друга.

Совместимость Водолей - Близнецы в любви

У Близнецов и Водолеев схожие идеи. Водолей очень заинтригован проницательными Близнецами, которые, в свою очередь, очарованы неизменным отношением Водолея и глубоко гуманистической страстью. Близнецы и Водолей понимают друг друга по-взрослому и знают, как обострить воображение друг друга отличным диалогом. Тем не менее, Водолей известен своими крайними бунтарскими идеями, которые, хотя и прекрасны, могут раздражать Близнецов, которые обычно предпочитают фамильярность бунтарству. Однако, несмотря на небольшой эллипс в инструкциях, этим двоим легко научиться быть вместе. Со временем эти отношения могут перерасти в формальный, продолжительный роман.

Совместимость Водолей - Близнецы в дружбе

Они будут притягиваться друг к другу, так как они похожи друг на друга и имеют схожие характеры.

Близнецы очарованы бунтарством Водолеев, и это усилит их творческие способности. Водолея привлечет коммуникабельность Близнецов и их способность договариваться и добиваться желаемого.

Это может быть дружба на всю жизнь, пока Близнецы контролируют ревность.

Совместимость Водолей - Близнецы в действии

В плане работы они, как правило, создают хороший дуэт. У них обоих есть творческие способности, которые им необходимы, и оба принесут необходимые качества для достижения всего, что они намеревались сделать.

Им следует быть осторожными с критикой, так как Водолей выражает себя прямо, не думая о последствиях, а Близнецы могут почувствовать себя атакованными, поскольку ненавидят получать критику, как положительную, так и отрицательную.

Близнецы - Любовные Рыбы Совместимость

У Близнецов и Рыб сложные отношения. Поскольку Близнецы олицетворяются близнецами, этот воздушный знак несет в себе его двойственность. С другой стороны, множественные профили Рыб менее заметны невооруженным глазом.

Знак Рыб представляет собой двух объединенных рыб, движущихся в противоположных направлениях, символизируя их отношение как к тонкой, так и к земной сферам.

Поскольку оба двулики, они понимают потребность друг друга в свободе и исследованиях. Однако ни Близнецы, ни Рыбы не умеют создавать границы, поэтому этой паре придется много бороться, чтобы создать динамику.

Рыбы чувствительны и могут с подозрением относиться к целям, стоящим за хитрой изощренностью Близнецов.

Между тем, Близнецы, скорее всего, подумают, что Рыбы слишком драматичны. Чтобы функционировать, этой паре нужно общаться честно и без игр.

Совместимость Близнецы - Рыбы в дружбе

Они не будут тянуться к ним, так как у них разные характеры. Тем не менее, у них есть некоторые аспекты, к которым они привлекаются.

Близнецы будут удивлены тем, как Рыбы видят жизнь, и захотят узнать, о чем они думают и как они организуют свою повседневную жизнь.

Рыб привлечет легкость речи Близнецов, а общение – это то, что подводит этот водный знак.

Близнецы - Совместимость Рыбы в действии

Что касается рабочей зоны, то именно здесь они наиболее совместимы. Они оба трудолюбивы, и когда они ставят перед собой цель, они борются до тех пор, пока не достигнут ее, чего бы это ни стоило.

Эти два знака будут слепо доверять друг другу, так как у них схожие взгляды. И те, и другие заинтересованы в успехе и получении экономической выгоды и, прежде всего, удовлетворены достижением своих целей.

Лучшие питомцы для Близнецов

Для Близнецов самое главное – это общение и связь с близкими сердцу людьми.

Домашние животные не являются исключением, Близнецы хотят чувствовать, что они находятся с ними в тесном контакте, что они знают, что чувствует выбранное ими животное и что их питомец понимает их.

Те птицы, которые обладают способностью воспроизводить человеческий голос, такие как попугаи, являются отличным выбором для Близнецов. По своему способу общения они ближе всего к людям.

Близнецы всегда ищут ту часть, которая дополняет их, и домашнее животное, которое слушает их, может стать началом этого путешествия.

Домашние животные, рожденные под знаком Близнецов

Домашние животные, рожденные под знаком Близнецов, независимо от вида, не могут быть одиноки, они нуждаются рядом с собой в приятном ощущении того, что они являются взаимодополняющей частью другого существа.

Поскольку они социальные животные, они очень склонны к сотрудничеству и присоединяются к коллективной работе своего вида или других.

Они проявляют сострадание к более слабым и могут помочь другим существам, попавшим в беду. Это те животные, которые позволяют иметь в доме не одного питомца.

Их постоянная потребность во взаимодействии делает их очень умными. Они могут научиться не одному трюку, и быть полезными и дома, и в помощи людям с физическими ограничениями.

Они долгожители, и обычно превышают естественный возраст своего вида. Это одни из лучших животных, которых можно иметь в семье, так как они никогда не позволяют своим хозяевам давать утешение.

Подходящие подарки для Близнецов

Веселый и общительный. Подарки, которые пробуждают вашу креативность, коммуникативную сторону и спонтанность. Билет в путешествие, сопряженное с множеством приключений и рисков, современный телефон, ручка с выгравированными на ней инициалами или настольная игра сделают зодиакального коммуникатора несказанно счастливым.

Близнецы могут растопить свое сердце с помощью персонализированного сувенира, который олицетворяет ваши отношения. Независимо от того, выберете ли вы совместную фотографию в рамке или браслеты дружбы, потому что, несомненно, это понравится вашей не такой уж тайной сентиментальной стороне.

Близнецы обожают веселиться! Они веселые, общительные, гибкие и всегда готовы к приключениям, поэтому вы не ошибетесь, выбрав изобретательный и продуманный подарок, который обращается к их красочному творчеству и спонтанной стороне.

Бокалы для вина с символом зодиака Близнецы — это предложение, потому что этот любитель веселья будет носить этот бокал вина, куда бы он ни пошел, порхая, как социальная бабочка, которой он и является.

Он также может заплатить вам билет на поездку, которая является приключением, потому что Близнецы всегда готовы рисковать и получать захватывающие впечатления. Это не обязательно должно быть что-то экстравагантное, но в нем есть масса удовольствия.

Что особенно важно, так это то, что Близнецы обычно очень веселые, общительные люди, которым нравится все, что связано с общением - читать, говорить, писать, считать, они могут часами разговаривать по телефону со своей семьей или друзьями, поэтому любая статья, которая помогает им быть на связи со своей, будет казаться отличной.

К счастью, они не слишком материалистичны и интересуются функциональностью подарка гораздо больше, чем его ценой. Они любят разнообразие, и поскольку оно связано с руками, кистями и легкими, предметы и аксессуары для этих областей тела также являются хорошими подарками для Близнецов.

Части тела знака Близнецы

Этот знак связан со спиной, руками и нервами. Они склонны к бронхиту и переломам ключиц и рук. Напряжение и чрезмерная ответственность сказываются на вашей нервной системе.

Растения для Близнецов

Близнецы известны своей универсальностью, что отражается в растениях, дополняющих их индивидуальность.

Этот знак отличается непоседливым умом и способностью приспосабливаться, поэтому нуждается в динамичных растениях.

Вьющиеся растения идеально подходят для Близнецов, поскольку они позволяют им гибко расти, следуя своему любопытству и стремясь к новым впечатлениям. Растения с привлекательными цветами также являются вариантом для этого знака, так как они отражают яркость.

Тигровый язык имеет махровый лист, это идеальное растение для Близнецов. Способен выдерживать любые перепады температур и без необходимости обильного полива.

Душица, растение, обладающее седативным, спазмолитическим и ветрогонным действием, обладающее противоревматическими свойствами, также является еще одним растением для Близнецов.

Его используют при расстройствах пищеварения, респираторных заболеваниях и мышечных болях, применяя его в виде фрикций.

Любовные ритуалы для знака Близнецы

Апельсиновый ритуал

Нуждаться:

- 1 апельсин

- Красная ручка

- Золотая фольга

- 1 красная свеча

- 7 новых швейных игл

- Красная лента

- Желтая лента

Разрежьте апельсин пополам, а посередине положите золотую бумагу, на которой вы ранее пять раз подпишете красными чернилами свое имя и имя любимого человека. Закройте апельсин бумагой внутри и закрепите его швейными иглами. Затем сверните его желтой лентой и красной лентой, она должна быть подкрашена.

Вы зажигаете красную свечу и ставите перед ней оранжевую свечу. Выполняя этот ритуал, повторяйте громким голосом: «В моем сердце царит любовь, я навеки соединен с (вы повторяете имя человека), нас никто не разлучит».

Когда свеча догорит, апельсин следует закопать у себя во дворе или в парке, желательно там, где есть цветы.

Заклинание для усиления страсти

Нуждаться:

- 1 лист зеленой бумаги

- 1 зеленое яблоко

- Красная нить

- 1 нож

Этот ритуал должен быть выполнен в пятницу по времени Венеры. Вы пишете имя своего партнера и свое на зеленом листе бумаги и рисуете вокруг него сердце. Ножом разрежьте яблоко пополам и поместите бумагу между двумя половинками.

Затем свяжите половинки красной нитью и завяжите 5 узелков. Пока вы завязываете узлы, вы повторяете вслух:

"Is maith liom mo shúil, Wow ba me piyáv, Dáv tute m´re ba cana tu mánge šal". Вы откусите кусочек яблока и проглотите этот кусочек.

В полночь вы собираетесь закопать остатки яблока как можно ближе к дому вашего партнера, если вы живете вместе, вы закапываете его в своем саду.

Заклинание, превращающее себя в магнит

Чтобы иметь магнетическую ауру и привлекать женщин или мужчин, необходимо сделать желтый мешочек, содержащий сердце белого голубя и глаза напудренной черепахи.

Эту сумку следует носить в правом кармане, если вы мужчина. Женщины будут носить такую же сумку, но внутри бюстгальтера с левой стороны.

Денежный ритуал для Близнецов

Заклинание во время Лунного затмения.

(Чтобы привлечь их добрую энергию и достичь процветания.)

Нуждаться:

– 1 лист синей бумаги

- Морская соль

- 1 большая серебряная свеча

- 3 благовония розы

- 16 маленьких белых свечей

Сформируйте соль в круг на листе бумаги. На круге, сделанном из соли, постройте два круга, один с пятью маленькими свечами, а другой снаружи с оставшимися одиннадцатью. Поместите серебряную свечу в середину.

Зажгите свечи в следующем порядке: сначала те, что во внутреннем круге, затем те, что снаружи, и, наконец, тот, что посередине. Зажгите благовония самой большой свечой и поместите ее в емкость за пределами кругов.

Выполняя эту операцию, визуализируйте свои пожелания процветания и успеха. Наконец, дайте всем свечам сгореть. Останки можно выбросить в мусорное ведро.

Заклинание с сахаром и морской водой для процветания.

Нуждаться:

-Морская вода

- 3 столовые ложки сахара

- 1 чашка из синего хрусталя

Наполните стакан морской водой и сахаром, оставьте его на открытом воздухе в первую ночь полнолуния и выньте из Sereno в 6:00 утра.

Затем вы открываете двери своего дома и начинаете поливать сахарную воду от входа до дна, используйте пульверизатор, при этом вы должны мысленно повторять:

«Я привлекаю в свою жизнь все процветание и богатство, которые, как знает Вселенная, я заслуживаю, спасибо, спасибо, спасибо».

Ритуалы здоровья для Близнецов

Заклинание 3-х свечей.

Этот ритуал предназначен для людей, которые выздоравливают после болезни или испытывают физическую боль, которую трудно устранить.

(Вы должны продолжать принимать лекарства; это дополнительно для более быстрого выздоровления.)

- 1 золотая свеча

- 1 белая свеча

- 1 зеленая свеча

- 1 контейнер для свечей

- 1 фотография или личная вещь

- 1 стакан святой воды

Поместите 3 свечи в форме треугольника на емкость, в центр поместите фотографию или личный предмет, затем поставьте стакан со святой водой поверх фотографии или рядом с личным предметом внутри треугольника свечей. Затем зажгите свечи по часовой стрелке.

Повторяйте, когда вы зажигаете свечи: Mwen limen bouji sa yo pou reyalize rekiperasyon mwen an, envoke 3 dife entèn mwen yo ak salamand yo pwoteksyon ak undines, transmute doulè sa an ak malèz nan enèji geri nan sante ak byennèt. Повторите эту молитву 12 раз.

Когда вы закончите молитву, возьмите стакан обеими руками, и вылейте воду в канализацию в доме, чтобы закончить ритуал, задуйте свечи пальцами, вы можете использовать их снова с той же целью.

Наиболее эффективен он в воскресенье во время Солнца или Юпитера.

Заклинание против пагубных привычек и пороков

Вы должны взять одну бутылку с крышкой, наполнить ее наполовину яблочным уксусом, а другую алкогольным напитком или наркотиками, которые употребляет человек. Заполняя его, твердо повторяйте:

«Я взываю к Отцу Вселенной и Матери-Земле, четырем элементам, которые ваше существо заставит этот порок стать кислым и горьким во рту (вы повторяете имя человека) и полностью покинуть его».

Закройте бутылку и заклейте ее скотчем, возьмите бутылку обратно в руки и встряхните ее семь раз, повторяя: «Пока эта бутылка остается запечатанной, (имя человека) не впадет ни в какую зависимость».

Протрите бутылку снаружи святой водой и бросьте ее в реку.

История созвездия Близнецов

Созвездие Близнецов олицетворяет близнецов Кастора и Поллукса в греческой мифологии. Братья также были известны как Диоскуры, что означает «сыновья Зевса». Однако в большинстве версий мифа только Поллукс был сыном Зевса, а Кастор был сыном смертного царя Спарты Тиндарея.

Мать близнецов, царица Леда Спартская, была изнасилована Зевсом, который посетил царицу в образе лебедя (связанного с созвездием Лебедя), и она забеременела от Поллукса и Елены, которая станет знаменитой Еленой Троянской.

В тот же день Леда забеременела от Кастора и Клитемнестры. Их отцом был Тиндарей, и, в отличие от сыновей Зевса, они были смертными.

Кастор и Поллукс росли вместе и были удивительно близки. Кастор был отличным наездником и искусен в фехтовании, а Поллукс славился своими боксерскими навыками. Они участвовали в экспедиции аргонавтов за золотым руном.

Близнецы несколько раз спасали экипаж. Именно поэтому они были известны как святые покровители моряков, и говорили, что сам бог Посейдон дал им силу спасать моряков, потерпевших кораблекрушение в море, а также дал им двух белых коней, на которых их иногда изображают.

Кастор и Поллукс похитили дочерей Левкиппа, Хилайру и Фебу, и женились на них. Из-за этого Идас и Линкей, также братья-близнецы и племянники Левкиппа (или соперничающие женихи), убили Кастора.

 Поллукс, получивший дар бессмертия от Зевса, убедил отца подарить его и Кастору. Таким образом, они поочередно были богами на Олимпе и смертными, убитыми в Аиде.

Зевс вознаградил эту братскую любовь, поместив их обоих на небеса, где они остаются неразлучными, как созвездие Близнецов.

Как найти созвездие Близнецов?

Это созвездие лучше всего видно на небе зимой. Если мы посмотрим около 21:00 на юго-восток, то найдем созвездие Близнецов примерно в 30° к северо-востоку от Ориона.

Его легко узнать благодаря двум основным ярким звездам. Он находится между созвездиями Тельца и Рака, и на него ссылаются звезды Кастор и Поллукс. Обе звезды являются самыми яркими в этом созвездии, и их близость делает их фокусом взгляда к небу.

Кастор и Поллукс являются двойными звездами, что означает, что в каждой из звезд по две звезды. Это означает, что всего у знака Близнецов четыре основные звезды. Каждая из этих звезд имеет разную светимость и видна в разное время года.

Звезды созвездия Близнецов

Близнецы в первую очередь известны своими двумя яркими звездами, Кастором и Поллуксом, нейтронной звездой Гемминга и несколькими заметными объектами на небе, включая рассеянное скопление Мессье 35, туманность Эскимо и туманность Медуза.

Две самые яркие звезды в созвездии, Альфа и Бета Близнецов, отмечают головы близнецов.

Какая самая яркая звезда в созвездии Близнецов?

Поллукс – самая яркая звезда в созвездии Близнецов. Это оранжевый гигант, который находится на расстоянии 33,7 световых лет от нашей Солнечной системы.

Эта звезда является одной из самых больших и ярких, которые можно наблюдать невооруженным глазом с Земли. Ее светимость настолько интенсивна, что ее часто можно принять за планету, но это массивная звезда, которая находится в миллионах световых лет от нас.

Луна в Близнецах-Натале

Люди с Луной в Близнецах подвержены влиянию, в результате чего они могут легко оценить любую точку зрения. Тем не менее, им трудно понять, в чем именно заключается их собственная точка зрения, или сосредоточиться на одной теме на какое-то время.

Луна в Близнецах, она чувствует себя наиболее уверенно, когда исследует новые идеи и наслаждается социальным взаимодействием с окружающими. Луна в Близнецах должна быть свободной, чтобы исследовать дуальность и испытывать весь спектр эмоций.

Если ваша Луна находится в знаке Близнецов, ваша зона безопасности заключается в том, чтобы держать свои варианты открытыми и чувствовать, что вы свободны создавать свое собственное мнение о различных контекстах.

Асцендента в Близнецах

Это очень творческие люди; В любом разговоре у них есть бесконечные идеи благодаря тому, что их ум постоянно творит.

 Они рождаются с даром исследования и хотят знать, как устроены вещи вокруг них. Они передают много радости, куда бы они ни пошли, и любой, кто находится рядом с ними, получает с ними массу удовольствия.

Любовь на расстоянии и знаки зодиака.

Отношения на расстоянии существовали всегда, но в наше время все чаще можно встретить пары, которые поддерживают такие же отношения, в том числе из-за развития технологий. Такие отношения могут принести нам много радости, но также и множество психологических конфликтов.

Когда кто-то влюбляется таким образом, это создает ряд ожиданий, которые, если они не будут достигнуты, могут закончиться разочарованием. Если об отношениях, в которых мы живем вместе каждый день, нужно заботиться, чтобы любовь не умерла, то отношения на расстоянии требуют гораздо больше внимания.

Все люди и отношения разные, но в целом особенно важно общаться, так как в любом типе отношений общение является определяющим для успеха.

Не все знаки зодиака одинаково справляются с отношениями на расстоянии, давайте посмотрим, что говорит об этом астрология:

Овен: Ваша страсть всегда заметна, но, когда вы находитесь вдали от своей любви, она усиливается. Борьба за то, чтобы быть со своим партнером, является испытанием любви, но часто это ощущается как проявление вашей неспособности адаптироваться.

Телец: независимо от того, сколько миль уводит вас от человека, которого вы любите, вы всегда будете бороться за эту любовь. Но если ваша вторая половинка перестает с вами общаться без причины, вы интерпретируете это как неосторожность и вычеркиваете их из своей жизни.

Близнецы: Вам нужна ежедневная информация о вашем партнере, чтобы он звонил вам и рассказывал подробности о том, где он находится и чем занимается, даже если это несущественно. Вы стремитесь к отношениям, в которых есть доверие, где бы вы ни находились.

Рак: Горе, так как единственное пространство, которое обеспечивает безопасность вашей романтической жизни, — это дом. Вы очень нежны, и это усиливается, когда вы скучаете по тому, кто украл ваше сердце.

Лев: Конфликт для вас, потому что вы не можете представить, что ваш партнер находится далеко, ваше эго чрезмерно велико. Вы должны контролировать свои отношения. Расстояние не привлекает вас надолго, и вы склонны чувствовать себя ограниченным им.

Дева: Вы плохо справляетесь с расстоянием, потому что, несмотря на то, что вы ни от кого не зависите, чтобы быть счастливым, когда вы влюбляетесь, вы отправляетесь на край света, чтобы быть с человеком, который дает вам бабочек в животе.

Весы: Будучи такой романтичной, время от времени вы будете признаваться в любви, чтобы волнение не потерялось. Иногда они должны держать себя в руках, чтобы не поддаться искушению быть неверными.

Скорпион: это будет страстная драма, так как отсутствие не разрушает вашу личную жизнь, это делает только монотонность. Вам также нравятся расставания, окрашенные какой-нибудь мелодрамой.

Стрелец: Границы для вас не пределы. Вы ласковы, а когда ваша вторая половинка далеко, вы тем более. Вы будете отправлять ему электронные письма и открытки, напоминая ему, как сильно вы его любите и скучаете.

Козерог: если отношения на расстоянии продолжаются, вы будете строить планы, ориентированные на будущее, это дает вам надежду и заставляет чувствовать себя живым. Ваша цель – жить рядом с этим человеком, и вы будете визуализировать это каждый день.

Водолей: иногда вы хотите, чтобы ваш партнер был рядом, чтобы строить совместные планы, а в других случаях вы хотите иметь пространство для расширения своей личной жизни. Будучи свободолюбивым человеком, у вас нет никаких проблем.

Рыбы: Романтичный, для вас обычно расцветает любовь, даже если ваш партнер находится на другом конце света. Расстояние – это возможность быть страстным и испытывать тоску по любви. Вы отдаете себя полностью, даже если между ними находятся семь морей.

Сентиментальные расставания. Можем ли мы вернуть любовь?

Одно из самых печальных событий, которое можно пережить в сентиментальной сфере, — это расставание с партнером. Не все проблемы могут быть решены, иногда у нас нет вариантов, и мы должны закончить отношения и начать новый цикл.

Когда происходит расставание, расстройство настолько обширно, что может вызвать уныние, отсутствие аппетита и сна, а во многих случаях даже посттравматический стресс.

Этот негативный опыт может снизить вашу самооценку и заставить вас бояться смотреть в будущее. Тем не менее, всегда учитывая причину расставания, расставание не обязательно должно быть вечным, оно не обязательно означает, что отношения закончились и нет шансов спасти романтику.

Мы всегда должны думать о том, стоит ли восстанавливать отношения и есть ли больше причин оставаться вместе, чем отдаляться. Взвесьте все «за» и «против», т. е. проанализируйте, больше ли положительных моментов, чем отрицательных.

За то время, что вы находитесь вдали друг от друга, научитесь видеть позитив и спросите себя: «Какова была реальная причина этого события?» Если вы хотите вернуть любимого человека, вы должны осознавать вклад, который вы внесли в отношения, анализировать себя.

Во время разлуки не теряйте контакт со своей второй половинкой, но постарайтесь сохранить баланс в общении, чтобы дать ей время скучать по вас, и чтобы у нее было свое пространство, и она не чувствовала себя задыхающейся. Сосредоточьтесь на общих темах.

Старайтесь жить здесь и сейчас, не обуславливайте свое счастье тем моментом, когда вы сможете встретиться снова, потому что это может случиться, а может быть, никогда не произойдет.

Независимо от ваших желаний, если она отражает и отличается, вы должны признать реальность. Ведите себя так, чтобы со временем вы почувствовали гордость за принятое решение.

Терпение является ключевым моментом в таких ситуациях, у другого человека могут быть сомнения, и он может не торопиться, чтобы наблюдать за вами и думать, поэтому вы должны продолжать свою жизнь, встречаться с друзьями, делиться со своей семьей, делать упражнения, чтобы направить любую негативную энергию, укрепить свою уверенность в себе и поддерживать хорошее настроение.

Многие люди легко преодолевают эти травмы, и астрология здесь также имеет свою гипотезу. Знаки, принадлежащие к воздушной стихии, то есть Близнецы, Весы и Водолей, очень быстро переживают любовные расставания, их сердца не остаются разбитыми надолго, и они будут искать тысячу способов занять себя и перестать думать о ситуации.

Водные знаки, Рак, Скорпион и Рыбы всегда готовы пересмотреть любое решение, они знают, как вернуться к нормальной жизни, стереть боль из души и начать с чистого листа. Здесь стоит уточнить, что, если измена была, Скорпионы ее не прощают и не забывают.

Примирение – это процесс длительного роста и изменения, который требует усилий, терпения и модификации поведения, но любовь – это самое сильное и чистое чувство, за которое стоит бороться. Это сила, способная преодолеть любое препятствие, она делает нас сильными и нежными одновременно. Если вы хотите бороться за кого-то от всего сердца, сделайте это.

Кто ваша родственная душа по вашему знаку зодиака?

Когда мы слышим термин «родственные души», мы обычно думаем, что он относится к членам пары, то есть к кому-то, с кем у вас сильная сентиментально-сексуальная связь. Тем не менее, настоящие родственные души не всегда относятся к ним с этой точки зрения, и часто они даже не интересуются сексуальным аспектом отношений.

 Ваша вторая половинка может быть не только вашим партнером, но и вашим отцом, другом, сыном, бабушкой или дедушкой, начальником или сестрой.

С астрологической точки зрения и учитывая, что уроки, которые нам необходимо усвоить, прежде чем достичь следующего духовного уровня, определяют тип аффективных отношений, которые нам необходимо развивать в сегодняшней жизни, мы можем сказать, что Рак и Рыбы являются родственными душами Овна.

При Раке и Рыбах Овны могут не только лучше сосредотачиваться и разрешать конфликты без насилия, но и развивать эмпатию, то есть умение поставить себя на место другого человека и научиться делиться.

Эти два знака не любят конфликтов, а если и любят, то предпочитают диалог любому эпизоду жестокости. Близнецы могут научить Рака и Рыб не нуждаться в одобрении окружающих, быть более рискованными и не пытаться угодить всем, т. е. быть более напористыми.

Чувственный Телец, враг перемен, кровный родственник инерции, имеет в качестве своей второй половинки Стрельца и Близнецов, двух знаков, которые знают, что жизнь – это увлекательное путешествие, но не статичное.

Они могут научить Близнецов, что они не должны оставаться там, где они не должны быть, из-за страха перед неопределенностью, и что всегда будут определенные ситуации или обстоятельства, которые произойдут без нашего ожидания, и без того, чтобы мы обладали какой-либо силой, чтобы изменить их.

Близнецы также могут многому научить эти знаки.

 Уроки силы воли, брать на себя обязательства перед другими, посвящать себя тому, что они делают, и продолжать до конца с настойчивостью, без спешки и медлительности. Быть принципиальным и предусмотрительным.

Лев может уравновесить большую карму со своими родственными душами, которые принадлежат к Весам и Водолею.

Лев может быть упрям с ошибочной идеей или верой из тщеславия; Весы и Водолей знают, что за эгоцентричным человеком скрывается низкая самооценка. Весы научат Льва невозмутимости и терпимости, использовать рассуждения и дипломатию для поддержания плавного общения.

Водолей, противоположный Льву знак, обладающий объективным и справедливым суждением, так как он никогда не позволяет себе увлечься предрассудками, научит Льва видеть сердца людей, подставлять плечо и давать понимающие слова в трудную минуту.

Лев никогда не колеблется при принятии решений, а если и принимает, то не проявляет его, что Весам следует практиковать.

Верность является отличительной чертой Льва, чего Водолей не знает, и маленькие львы могут дать им уроки морали.

Девы, известные как перфекционисты, из-за огромного страха неудачи, имеют Скорпиона и Козерога в качестве родственных душ. Дева любит быть строгой в своих решениях и имеет прототип практически в каждом аспекте своей жизни.

Эта избирательность мешает им следовать за движением жизни. Дева буквально разорвет на части весь проект, если почувствует, что он изначально не был идеальным, чего Козерог никогда не сделает, поскольку его видение позволит ему увидеть, что альтернативные меры всегда можно предпринять, не начиная все сначала.

Козерог – верный знак собственного пространства, они не принимают бездумных решений, что иногда делает Дева. Скорпион, с другой стороны, может смягчить худшее и усилить лучшее в Деве. Скорпион и Дева имеют практический подход к жизни; однако Скорпионы гораздо живее Девы.

Скорпион принесет решительность, которой не хватает Деве, а Дева принесет страстному Скорпиону контроль и рациональность.

Дева сделает Козерога более приятными и игривыми рядом с ними, изолируя их от той чрезмерной серьезности, которую они часто проявляют на лице.

Какой знак зодиака является наиболее определяющим?

Контроль дает нам чувство безопасности, но проблема в том, что мы не можем контролировать большинство вещей, которые происходят в нашей жизни или в жизни других людей, и попытки сделать это только создают для нас еще больший стресс и конфликты.

Контролирующие люди думают, что они знают, что в наибольших интересах окружающих, и они могут хотеть доминировать пассивно и даже косвенно. В зависимости от вашего знака зодиака, у вас будет определенный способ контроля, и вы будете агрессивны в этом отношении.

Овен: они склонны чувствовать себя лучше, умнее и эффективнее. Отсюда и необходимость следить за всем. Они считают, что они должны быть главными, потому что другие не знают, как правильно что-то решить.

Телец: они чувствуют, что имеют право вторгаться в пространство тех, кто их окружает. Они обесценивают успехи друг друга, относятся к контролируемому человеку как к неспособному и даже пытаются его изменить.

Близнецы: Этот знак умен и часто знает, как взять бразды правления в свои руки незаметно для вас. Они не считают другого человека свободным, но должны зависеть от него и от каждого приказа, который он отдает.

Рак: они считают, что должны следить за мельчайшими деталями всего, что движется вокруг них. Все должно быть спланировано и организовано в соответствии с тем, что они решили с особой строгостью. И, конечно, они убеждены, что их способ решения проблем лучший.

Лев: Постарайтесь привести ситуации и поведение других людей в соответствие с тем, что они считают правильным. Еще один элемент, который они используют, — это угрозы, прямые или косвенные, в качестве наказания или последствий, если вы не сделаете то, что говорит Лев.

Дева: они даже вмешиваются в чужие разговоры. Они постоянно критикуют окружающих и очень недоверчивы. Они также, скорее всего, попытаются познакомить вас со своим кругом друзей и семьей до такой степени, что это будет вашим единственным социальным окружением.

Весы: если бы это было возможно, они бы контролировали кровоток каждого важного человека в своей жизни. Они ведут себя так, как будто это нормально – предугадывать решения друг друга и принимать их сами за другого человека. Оправданием может быть то, что вы не тратите время впустую или делаете правильные вещи для всех.

Скорпион: контролирует вас, изолируя вас от ваших друзей или семьи, он делает это очень тонко. Они могут жаловаться на то, как часто мы разговариваем с членами нашей семьи, или говорить, что они им не нравятся. С другой стороны, он также может постоянно обвинять вас в том, что вы ничего не умеете делать.

Стрелец: Он стратег контроля, потому что он не контролирует все время, и он очень умен, чтобы делать это. Он не стесняется давать советы другим, даже если они его об этом не просили, потому что думает, что знает лучше, чем кто-либо, как им следует поступать.

Козерог: они часто умеют использовать чувство вины, чтобы получить то, что они хотят от других. Они настроены очень патерналистски, прибегая к этому механизму, чтобы скрыть свою попытку власти или контроля над другим.

Водолей: они не могут не знать, что произойдет или каким будет будущее. Они считают, что другие несовершенны во всех отношениях. Они чувствуют тревогу и расстройство, когда все идет не так, как они себе представляли. Им нравится, когда они нужны, потому что так они чувствуют себя ответственными за определенные ситуации, и это их успокаивает.

Рыбы: Склонны контролировать вещи или людей с помощью эмоциональных стратегий. Будучи чутким, вы можете стать экспертом в эмоциональном шантаже. Он апеллирует к доверию, которое испытывает к нему другой человек, и в итоге использует его в качестве аргумента, когда берет на себя инициативу в принятии решений.

Принять идею о том, что мы не всегда можем знать, что произойдет, или контролировать все, может быть непросто. Во многих случаях эта попытка контроля, особенно в паре, проистекает из страха быть покинутым.

Мы должны иметь в виду, что одной из основ для устранения этого страха, будь то в паре или в другой сфере жизни, является доверие и общение, разоблачение наших страхов и согласие позволить другому человеку свободно выражать свое мнение.

Дружба с астрологической точки зрения.

Дружба – одна из самых замечательных человеческих связей, друг – это прибежище в наших печалях и с которым мы делим моменты радости.

 Некоторые дружеские отношения рождаются мгновенно, в то время как другие укрепляются годами. Она построена на основе взаимности и приверженности.

Найти настоящего друга в наше время немного сложно, так как мы живем в обществе, где почти каждый стремится извлечь из чего-то выгоду, поэтому, когда мы находим это, мы цепляемся за это.

Важно помнить, что каждый человек, который встречается на нашем пути, хороший или плохой, приносит нам важный урок, который мы должны усвоить.

Когда речь заходит о дружбе, астрология, как всегда увлекательная, может многое сказать. Не все мы одинаково ценим дружбу в нашей жизни, и мы нс одинаково привязаны к нашим друзьям.

Овен – очень щедрый и спонтанный знак. Он из тех друзей, которые всегда рядом, несмотря ни на что. С ними вы проживаете приключения и сумасшедшие дни.

Овны иногда позволяют своему темпераменту затмить свои истинные качества, но, в конце концов, это люди, которым можно доверять. Для Овнов Весы и Водолей являются лучшими союзниками.

Тельцы, самые упрямые друзья, но самые надежные. Дружба Тельцов преодолевает любые неудачи и преодолевает барьеры времени. Это преданные, верные, последовательные друзья и хорошие советчики. Иногда собственнический и ревнивый. Лучшие союзники Тельца – Козерог и Рак.

Близнецы очень забавные и у них всегда много друзей. Он немного непостоянен и разговорчив, поэтому ненадежен. С ними речь идет о том, чтобы плыть по течению и акклиматизироваться к их разностороннему поведению. Дружба Близнецов должна иметь интеллектуальную связь, поэтому их лучшими союзниками являются Весы и Лев.

Рак, ваша группа друзей невелика, потому что вы боитесь открыться другим. Он очень сентиментальный, щедрый и заботливый друг. Всегда готовы подставить вам свое плечо, чтобы успокоить ваши недуги. Если вы их друг, вы часть их семьи. Лучшие союзники Рака – Дева и Рыбы.

Лев харизматичен, весел и тепл. Он очень предан и жертвует собой ради своих друзей. Из-за своей магнетической ауры они привлекают много друзей. Они получают огромное удовольствие от того, что делают одолжения, они дают, не ожидая ничего взамен. Однако их соревновательный дух и эгоцентризм являются их ахиллесовой пятой, им нужны скромные и терпеливые друзья. Их лучшие союзники – Козерог и Стрелец.

Дева, совершенство распространяется и на эту область. Они требовательны и избирательны. Они игнорируют свои личные проблемы, чтобы протянуть руку помощи своим друзьям. Они приветливы и сдержанны. Иногда они любят замыкаться в своем мире и никого не пускают в него. Лучшие союзники Девы – Рак и Скорпион.

Весы, они гармоничны, безмятежны и спокойны. Они умеют веселиться со своими друзьями, любят жить в окружении друзей и благодаря своим дипломатическим способностям умеют решать проблемы своих друзей. Когда вы завязываете дружбу, она искренняя. Лучшие союзники Весов – Стрелец и Водолей.

Скорпион, ваше отношение благородное и честное. Ревнивый и собственнический по отношению к своим друзьям, наличие Скорпиона среди ваших друзей является синонимом абсолютной поддержки. Скорпион - один из самых верных друзей, которых вы можете встретить в своей жизни, особенно хорошие советчики. Лучшими союзниками Скорпиона являются Дева и Козерог.

Стрелец, иметь друга этого знака – все равно, что иметь состояние. Их дружба – одна из самых искренних, чистых и благородных во всем зодиаке. Стрелец идет до конца ради своих друзей. У них может быть много друзей, и они могут решать проблемы; они носят защитный характер. Лучшими союзниками являются Весы и Близнецы.

Козерогу, вам нелегко найти друзей, потому что вы очень осмотрительны и осторожны. Они, как правило, ищут дружбу, которая продлится долго, потому что знают, насколько значимы эти связи в жизни. Когда ему удается установить связь, он лоялен. Ему нравится, когда его слушают и не игнорируют его советы. Их лучшие союзники – Телец и Дева.

Водолей - идеальный друг, уважает частную жизнь своих друзей и сдержан. Очень щедры к тем, кого они по-настоящему уважают. Но чему они не могут противостоять, так это тому, что кто-то пытается помешать их свободе, потому что они очень независимы. Друг-Водолей – это настоящее сокровище, о котором нужно заботиться, потому что он всегда будет отдавать все лучшее, не требуя ничего взамен. Их лучшие союзники – Весы и Овен.

Рыбы, мир, который излучает этот знак, является магнитом для притяжения друзей. Они милые и верные, поэтому вызывают ни с чем не сравнимое сопереживание. Они искренни и выражают свои мысли с сердцем в руках, но требуют, чтобы другие отвечали взаимностью. Им нужно побыть в одиночестве и поразмышлять, поэтому они, вероятно, не будут проводить так много времени со своими друзьями. Его лучшие союзники – Телец и Скорпион.

Знаки зодиака и их отношения с деньгами.

У всех нас сложные отношения с деньгами. Независимо от того, происходим ли мы из богатой или бедной семьи, в течение нашей жизни мы приобретаем определенные модели в отношении денег, и, хотя подавляющее большинство из них приобретается из нашего семейного окружения, с астрологической точки зрения мы можем наблюдать, как звезды влияют на эту область нашей жизни.

Второй дом связан с материальными и личными благами, нашими отношениями с деньгами и может показать, бережливы ли мы, какую ценность мы придаем материальным вещам и себе.

В целом можно резюмировать:

Овнам, первому знаку зодиака, невероятно везет зарабатывать деньги, многие Овны успешны, но они также импульсивны, безрассудны и дерзки. Овны не осторожны и не просчитывают риски, они сразу бросаются в бой, если их что-то соблазняет, когда дело доходит до денег, и это идет против них, так как они могут потерять все из-за плохо выполненного хода.

Телец любит хорошую жизнь, он трудолюбивый и хороший администратор, поэтому он будет избегать тех расходов, которые не входят в его бюджет, потому что он любит экономическую стабильность. Они обеспечивают себе хорошую жизнь, но в рамках своего банковского счета. Помимо других знаков, они знают, чего стоит зарабатывание денег.

Для **Близнецов** уверенность часто играет злую шутку, когда речь идет о деньгах. Они бросаются из одной крайности в другую, один день проводят так, как будто завтра не наступит, а на следующий день они бережливее, чем верующий с клятвой бедности. Они непредсказуемы, когда речь идет о деньгах, они не заботятся об этом в деталях. Их общительность превращает их в магниты для привлечения денег.

Раки – знак, который нуждается в экономической безопасности, обладает способностью и умением инвестировать, любит копить деньги и может развить любовь к ним. Они используют его не только для своей безопасности, но и как элемент силы, а также для защиты тех, кого любят. Раки – известные банкиры и бизнесмены.

 Лев соблазняется роскошью. Они конкурентоспособны, финансовая сфера представляет собой важный способ быть замеченным. Они потребляют больше, чем имеют, и покупают, не экономя на ценах. Они борются за все, чтобы получить деньги. Любят дорого и помпезно, иногда могут немного заложить, но не будут медлить с выплатой того, что должны, потому что их эго не позволяет заклеймить их как неплательщиков.

Прозрачность гомологичная **Деве,** так же, как и благоразумие во всех их операциях, что в денежном выражении означает, что они никогда не будут растрачивать или инвестировать во что-либо, что не приносит прибыли. Они обладают особой способностью обнаруживать деньги, управлять ими и являются мастерами сбережений благодаря своей способности анализировать.

 Приступы нерешительности Весов влияют на их экономическую сферу. Ваша склонность к дисбалансу также влияет на вашу чековую книгу. Благодаря своей текучести им удается выкручиваться из катастрофических финансовых ситуаций, изобретая средства для превращения ошибок в победу. Они делают хороший бизнес благодаря своей дипломатической сущности.

Скорпионам нужна экономическая активность, чтобы чувствовать себя живыми, управление их банковским счетом невозможно расшифровать. Его ресурсы используются на то, что важно и необходимо. Они являются отличными генераторами и поставщиками денег, так как они амбициозны, что в сочетании с их интеллектом является идеальным уравнением для их материального спокойствия ума.

Один из самых щедрых знаков – **Стрелец**, они делятся деньгами так, как если бы они росли на деревьях. Их позитивный настрой позволяет им успешно завершать любой проект и генерировать большие экономические ресурсы. Удача всегда на вашей стороне, как и деньги. Он всегда направляет свою стрелу в бесконечность, поэтому на него сыплются лучшие возможности.

Методичный Козерог тратит каждую потраченную копейку, идеально спланированную. Крайне скуп в своих тратах. Из-за того, что они очень пессимистичны, они бессознательно предвидят события в своей экономической области, и им чрезвычайно трудно быть застигнутыми врасплох в финансовых аспектах. Они ценят деньги не из-за амбиций, а из-за усилий, которые они должны приложить, чтобы их приобрести.

Водолеи ненавидят долги и не тратят их на бесполезные вещи. Иногда они в мгновение ока переходят от удачи к невзгодам, но, поскольку они настолько умны, они сразу же придумывают идею или проект, чтобы выйти из кризиса. Большинство их целей альтруистичны, поэтому они распределяют свои ресурсы на других. Когда они хотят заработать деньги, они делают это превосходно.

Будучи крайне рассеянными, Рыбы могут легко обанкротиться. Им нужен кто-то, кто будет направлять их, когда дело доходит до инвестирования. Ваша интуиция является отличным союзником в обнаружении возможностей, которые могут принести вам деньги. Они не обучены жить под давлением, поэтому их окружение должно быть спокойным, чтобы они были успешными.

Духовность и знаки зодиака.

Духовность связана со способностью видеть за пределами материального мира, и, очевидно, у некоторых людей эта добродетель развита лучше, чем у других. Духовное, неосязаемое, то, что выходит за рамки земного, не интересует всех одинаково.

Развитие через самопознание является нашей целью в этом мире, и важным инструментом для ее достижения является духовность.

У всех нас есть чувства и интересы, которые выходят далеко за рамки физических и тривиальных, проявляясь в сосредоточенности каждого знака зодиака на духовности, причем некоторые из них более духовны, а другие, по-видимому, нет.

Первое место занимают Рыбы. Это один из самых духовных знаков, так как они обладают удивительной связью с мистическим миром.

У них есть врожденная способность соединяться с эмоциями других, что иногда порождает большую меланхолию, потому что они хотят решить проблемы каждого человека, который совпадает с их путем. Они интуитивны, мечтательны и увлекаются всеми духовными практиками.

На втором месте рак. Они фантастически пылки, когда дело доходит до религии или духовных практик.

Всегда вопрошает сверх разума, стремится понять свою собственную сущность и сущность окружающих. Стремясь к гармонии между телом, разумом и душой, краб является духовным существом, ему вредит то, что происходит вокруг него, и это в значительной степени раскрывает его изменчивое настроение и восприимчивость.

Натив Скорпиона занимает третье место в списке, очарованный мистикой и восточной мудростью, у него раскрывается шестое чувство, позволяющее предсказывать события и расшифровывать обстоятельства там, где другие остаются в неведении.

Его высокомерная внешность и воинственный настрой не всегда позволяют нам разглядеть его, но за всем этим Скорпион скрывает глубоко духовное существо, которое воспринимает людей далеко за пределами их физических оболочек и имущества.

Водолей, воздушный знак, номер четыре в этой шкале, ценит каждого встречного человека сверх собственной выгоды. Его революционный характер распространяется и на духовные вопросы. Они всегда ищут выводы и мотивации, выходящие за рамки материального и методического. Они очень проницательны, но в то же время интуитивно понятны и отзывчивы. Их жизненная философия исключительна, и они живут в соответствии с ней, они всегда исследуют, как включить новый духовный опыт, для них в этом заключается истинное богатство.

Пятое место делят Весы и Стрелец. Избавление, любовь к эзотерическому миру и поклонение свободе; у них отсутствуют табу и границы, что позволяет им иметь большую связь со всем, что не осязаемо, обрести душевный покой, к которому они стремятся, они погружаются в светлые пути духовности. Развитые Весы бессознательно воспринимают, что они должны объединить человеческую дуальность с божественным единством.

У Стрельцов прекрасное видение будущего; они считаются самыми пророческими из знаков, потому что чувствуют необходимость понять смысл жизни. Они любят исследовать за пределами физических и психических границ.

Это обобщенность, потому что карта рождения сложна, есть планеты и аспекты, которые с их разным расположением могут давать разные выводы. Нептун, например, олицетворяет вселенскую любовь, сновидения, бессознательное, экстрасенсорику, чувствительность к проблемам других людей и тайны.

Дом, в котором находится Нептун, укажет на то, как будут делаться дела для окружающих нас людей. Это интуитивная планета. С другой стороны, Плутон, планета перерождения, в карте покажет путь, по

которому человек будет реализовывать свой духовный
рост.

Отпуск и знаки зодиака

Отпуск приносит пользу как на физическом, так и на психическом уровне. Доказано, что отдых снижает уровень стресса и благотворно влияет на иммунную систему. Иногда планирование отпуска вызывает стресс, потому что вариантов бесконечное множество, и принятие решения становится химерической задачей.

Использование астрологии и понимание вашей личности дает представление об идеальном месте отдыха для вас.

Aries, курорт по системе «все включено» со спортивными мероприятиями на свежем воздухе в теплой местности, такой как Пунта-Кана, Канкун и острова Теркс и Кайкос, был бы идеальным. Австралия - захватывающая страна, которая дарит вам множество эмоций, заставляющих ваше сердце биться чаще.

Телец, пребывание на роскошном курорте на Каймановых островах, или роскошный отдых в Дубае, в отеле, обладающем всеми удобствами, будет чрезвычайно привлекательным. Италия – идеальная страна, потому что здесь вы найдете все, о чем всегда мечтали: любовь, очарование, роскошь, замечательную еду и первоклассные вина.

Близнецы любят чувствовать себя интеллектуально вовлеченными. Поездки с экскурсиями с гидом, такие как сафари в Африке или исследование видов Галапагосских островов, предлагают зодиакальному коммуникатору роскошные впечатления.

Рак, короткие поездки, в окружении семьи и друзей. Диснейленд, наслаждаясь аттракционами и различными блюдами, является вариантом. В Орландо, штат Флорида, есть множество фантастических отелей и курортов, каждый из которых имеет уникальную и увлекательную тематику.

Лео, пребывание в бунгало на море на Таити является фантастическим для этого знака. Еще одна роскошная альтернатива, которую любит лев, — арендовать частный тропический остров на Мальдивах, Фиджи или Виргинских островах.

Дева, Италия - ваш лучший вариант. В этой стране они не дадут вам заскучать. Как земной знак, вы соединяетесь с окружающим миром, такие места, как Ла-Романа в Доминиканской Республике, Пуэрто-Вьехо в Коста-Рике и Белу-Оризонти в Бразилии, вдохнут в вас жизнь.

Libra стремится к городам, в которых есть музеи. Тропический отдых не будет таким же приятным для Весов, как экскурсия по Лувру в Париже, музею Акрополя в Афинах (Греция), музею Прадо в Мадриде (Испания) или галерее Уффици во Флоренции (Италия).

Скорпионы, проведите несколько дней на уединенном пляже с ликером и массажем. В Греции, на Бали, Сен-Мартене или Гавайях вы найдете все эти предметы роскоши. Посещение объектов культурного наследия рядом с вашим роскошным отелем станет необычным сочетанием тропического и культурного отдыха. Миконос и Рода в Греции - идеальные места.

Стрелец, исследуйте Камино-де-Сантьяго, сеть совершенно разных тропинок, ведущих в город Сантьяго-де-Компостела. Каждый путь имеет свою историю, наследие и магию. Стрелец – путешественник, жаждущий новых впечатлений, поэтому в Ирландии вы найдете все, что ищете.

Козерог, целеустремленный знак. Каникулы, где они могут завязать новые деловые отношения. Китай был бы впечатляющим. Козерог обладает чувством исторической ценности, которого нет у других знаков, по этой причине такие страны, как Израиль и Египет, где есть история, заставят вас чувствовать себя как дома.

Водолей любит новые идеи, незнакомые места и новые отношения. Фантастической страной для посещения будет Япония не только из-за ее увлекательной истории и культуры, но и потому, что каждый из ее регионов может предложить что-то свое.

Рыбы, водный знак, который радует тропическим отдыхом. Идеальным вариантом был бы отель на берегу моря. Остров «Ла Дик» в Республике Сейшельские Острова, пожалуй, самый красивый пляж в мире, будет иметь несомненный успех. Рыбы, обладающие спокойным взглядом на жизнь, находясь под управлением Нептуна, делают его творческим мыслителем. Швеция — это страна, которую вы должны посетить, потому что там вы найдете такую же инновационную культуру, как и она сама.

Об авторах

В дополнение к своим астрологическим знаниям Алина Руби имеет богатое профессиональное образование; Она имеет сертификаты по психологии, гипнозу, рейки, биоэнергетическому кристаллическому целительству, ангельскому целительству, Таро, толкованию сновидений и является духовным инструктором. Руби обладает знаниями геммологии, которые она использует, чтобы запрограммировать камни или минералы в мощные амулеты или талисманы защиты.

Руби обладает практичным и ориентированным на результат характером, что позволило ему иметь особое и интегрирующее видение нескольких миров, облегчающих решение конкретных проблем. Алина пишет ежемесячные гороскопы для сайта Американской ассоциации астрологов; ознакомиться с ними можно на сайте www.astrologers.com.

Сейчас он ведет еженедельную колонку в газете El Nuevo Herald на духовные темы, которая публикуется каждое воскресенье в цифровом виде и по понедельникам в печатном виде.

У него также есть шоу и еженедельный гороскоп на YouTube-канале этой газеты. Его астрологический ежегодник публикуется каждый год в газете "Diario las Américas" в рубрике "Rubi Astrologa".

Руби является автором нескольких статей по астрологии для ежемесячного издания "Today's Astrologer", преподавал астрологию, Таро, Чтение по руке, Исцеление кристаллами и Эзотерику. У нее есть еженедельные видео на эзотерические темы на ее канале YouTube: Rubi Astrologa. У нее была собственная астрологическая программа, ежедневно транслируемая через Flamingo TV, она давала интервью нескольким телевизионным и радиопрограммам, и каждый год ее «Астрологический ежегодник» публикуется с гороскопом знак за знаком и другими интересными мистическими темами.

Она является автором книг «Рис и бобы для души», часть I, II и III, сборника эзотерических статей, опубликованных на английском, испанском, французском, итальянском и португальском языках. «Деньги на все карманы», «Любовь для всех сердец», «Здоровье для всех тел», Астрологический ежегодник 2021, Гороскоп на 2022 год, Ритуалы и привороты на успех в 2022 году, Заклинания и тайны, Занятия астрологией, Уроки Таро, Уроки эзотерики, Любовь и совместимость знаков зодиака, Ритуалы и амулеты на 2023 год и Китайский гороскоп на 2023 год доступны на пяти языках: Английский, Итальянский, Французский, Японский и немецкий.

Руби в совершенстве владеет английским и испанским языками, сочетая в чтении все свои таланты и знания. Место проживания на сегодняшний день: Майами, штат Флорида.

Для получения дополнительной информации, пожалуйста, посетите: **www.esoterismomagia.com.**

Библиография

Использованы статьи, опубликованные одним из авторов в El Nuevo Herald.